les Sorcières

A toutes les grand'mères du monde

L'édition originale de cet ouvrage
a été publiée en 1981 par
Granada Publishing Limited,
Frogmore, St-Albans, Hertfordshire
sous le titre : *Witches.*

Pour l'édition française :

22, rue Huyghens, 75014 Paris

ISBN 2 226 01211 7
7040
44 3909 7

Loi 49 956 du 16 juillet 1949
sur les publications destinées à la jeunesse.
Seconde édition : dépôt légal février 1982

Imprimé en Italie

Les Sorcières

par Colin Hawkins,
une vieille sorcière
et, pour la version française,
Claude Lauriot Prévost

ALBIN MICHEL JEUNESSE

Chapeau pointu.
Rare Fouine Noire, talisman superpuissant contre les pick pockets.
Corbeau.
Longue robe noire.
Landau à provisions.

Qui est Sorcière?

Si l'on en croit d'anciens textes,

« Une sorcière se reconnaît à son grand âge, à son visage buriné, à son front ridé, à ses lèvres moustachues, à ses chicots cassés, à ses yeux qui louchent, à sa voix perçante, à ses ronchonnements incessants, à son manteau en guenilles et au fait qu'elle est toujours suivie de son chat ou de son chien. »

On ne peut faire meilleur portrait de bien des gens et tout spécialement des grand'mères et, plus spécialement encore, des vieilles grand'mères. Toutefois, même si votre grand'mère présente toutes ces qualités, il n'est pas forcément sûr qu'elle soit une sorcière. Voici donc quelques indices qui pourront vous aider à répondre à cette importante question :

1. Votre grand'mère porte-t-elle de préférence de longues robes noires et de grands chapeaux pointus ?
2. Votre grand'mère fait-elle mijoter des algues, des racines et des herbes dans d'énormes marmites noires posées au coin de son fourneau ?
3. Votre grand'mère aime-t-elle aller danser dans le jardin à minuit ? Si oui, danse-t-elle *a)* seule, *b)* avec ses copines, *c)* les nuits de pleine lune exclusivement, *d)* en d'autres occasions ?
4. Votre grand'mère peut-elle commander un orage, siffler le vent, appeler la pluie ?
5. Votre grand'mère vole-t-elle ? Si oui, le fait-elle *a)* sur le manche de son balai, *b)* à cheval sur son chat, *c)* en avion ?
6. Votre grand'mère change-t-elle souvent de forme ? L'avez-vous déjà vue *a)* en papillon, *b)* en corbeau, *c)* en araignée ?
7. Votre grand'mère guérit-elle *a)* les fièvres bénignes, *b)* les fièvres malignes, *c)* les mauvaises humeurs ?

Si vous avez répondu oui à certaines de ces questions, aucun doute, votre grand'mère est une sorcière. Si vous avez répondu non partout, voici un test supplémentaire et infaillible :

Demandez à votre grand'mère si elle vous aime. Une véritable sorcière répond toujours oui.

Et au cas où vous découvririez que votre grand'mère est absolument une sorcière, voici un guide irremplaçable qui vous en dira plus sur les pouvoirs et les pratiques de cette confrérie.

Les Chouchous des Sorcières

S'il vous arrive de parler dans le dos de votre grand'mère, prenez garde que son chat ne vous écoute pas. En effet, ce n'est sans doute pas un vrai chat. C'est probablement un « chouchou », un lutin qui a pris la forme d'un chat. Les sorcières se servent de leurs chouchous pour récolter les informations et les cancans. Ils portent aussi des messages aux autres sorcières et aident à réunir les ingrédients nécessaires à la préparation des charmes. En un mot, ils sont indispensables !

Il ne faut pas croire que tous les chouchous soient des chats. Ils peuvent aussi être chiens, oiseaux, crapauds, crocodiles et même araignées ! Les chats noirs sont cependant les plus appréciés : ils savent prévoir le temps et peuvent, si ça leur chante, aider la sorcière à le changer. Il vous faut donc observer le chat de votre grand'mère : s'il griffe tapis et rideaux, c'est pour faire lever le vent. S'il se lisse les oreilles avec ses pattes avant, ou s'il éternue, alors attention, la pluie ne tardera pas à tomber.

Bien que les chouchous soient très utiles, et, somme toute, de bonne compagnie, ils deviennent souvent trop familiers, allant jusqu'à faire tourner les sorcières en bourrique. C'est l'origine du proverbe bien connu chez les chats : « Qui trop accorde, donne souvent la discorde. »

Les girouettes protègent contre les maléfices du noir
Gare aux chauves-souris dans les cheveux.
Garage
balai
Se tenir près d'un sureau ou d'un chêne de sorcière après la tombée de la nuit, c'est risquer d'être ensorcelé.
Gare aux chats guetteurs.

Une maison Bien Sûre

Les sorcières habitent souvent de très vieilles maisons, mais il n'est pas toujours facile de les détecter. Certains indices cependant ne trompent pas : le numéro de la porte est un chiffre néfaste, le garage est très petit, on observe un va-et-vient incessant de chats, les fenêtres sont fumées, la girouette s'agite en tous sens ou même une sorcière vient ouvrir la porte si l'on sonne. Si vous suspectez une maison d'appartenir à une sorcière (sauf si c'est celle de votre grand'mère, bien sûr), il vaut mieux ne pas trop vous approcher, vous pourriez recevoir un sort !

A l'intérieur, la maison de la sorcière semble particulièrement confortable : tapis en fourrure de chat moisie, murs recouverts de plumes de corbeau, rideaux de toile d'araignée. Au premier étage sont les chambres meublées de lits, de paniers à chat ou à chien, de nids de guêpes, de perchoirs divers, de bassins à crocodile.

Les sorcières doivent souvent sortir la nuit pour jeter quelque sort ou manigancer quelque tour de passe-passe. Il leur faut donc saisir pendant la journée toutes les occasions pour dormir : c'est pourquoi il n'est pas rare de les trouver assoupies au fond d'un confortable fauteuil ou somnolentes devant la télévision. Certains pensent que les sorcières ne dorment jamais, c'est une question à poser à votre grand'mère.

Remarquez que les sorcières ne reçoivent jamais de journaux. Les nouvelles du passé ne les intéressent pas : elles préfèrent lire l'avenir, dans les flammes d'un feu, par exemple. Mais les livres sont une tout autre affaire ! Une sorcière qui se respecte dispose d'une sérieuse bibliothèque où sont réunis des livres de recettes et de magie, des carnets à noter les charmes et même parfois des livres-vers-de-terre, des livres-chenilles, des livres-coléoptères, des livres-araignées, voire d'horribles livres-crapauds qui se glissent derrière les étagères.

Les chauves-souris détestent l'eau.
Les bains sont rarement une affaire privée.
Mousse de savon d'herbe.
Un chat-chouchou grattant un dos familier.

Un Bain Bouillonnant de Bulles

Contrairement à une rumeur populaire, les sorcières aiment prendre leur bain tous les jours et la plupart d'entre elles se mettent des bigoudis au moins une fois par semaine. Mais ce qu'elles préfèrent, ce sont les bulles. Pour faire une vraie mousse, elles prennent des feuilles de plante-à-savon broyées et empaquetées dans une peau de taupe. Il ne reste plus qu'à agiter le tout dans la baignoire pour qu'apparaisse immédiatement une mousse luxuriante et parfumée. Et pour obtenir un bain particulièrement tonifiant, ce qui est bien agréable après une folle nuit, beaucoup de sorcières y ajoutent de la lavande, parfum qui leur est cher. Votre grand'mère n'aurait-elle pas de la lavande ?

L'heure du bain est aussi celle de la beauté, celle du soin du teint et de la chevelure. Onguents, herbes, lotions, shampooings, poudres et parfums, recettes secrètes transmises de mères-sorcières à filles-sorcières, tout concourt à donner aux jeunes sorcières cet aspect brillant et lisse, cette peau souple et douce qui sont un de leurs charmes. Elles se polissent aussi les lèvres et se vernissent les canines.

Un problème cependant : la présence des chouchous qui, à l'heure du bain, sont parfois un peu envahissants !

Jeter l'eau du bain sur des poireaux favorisera leur croissance.

La taille normale d'une sorcière évolue entre 1,60m et 2,20m (chapeau inclus)
Les bords du chapeau peuvent être repliés sur les oreilles par temps froids.
Chaudron portatif
Mitaines de sorcières.
Poches secrètes.
Fortes bottines de cuir.
Chapeau de nuit lumineux.
complet avec tuyau d'aération et moucheur de chandelle pour lire au lit durant les nuits sans lune.
Veste noire
Gilet en liberty.
Culotte bouffante pour l'hiver.
Chaussettes élastiques noires.

Les Nippes-Sorcières

Les sorcières sont assez conformistes dans le choix de leurs tenues. Il leur faut des toilettes difficiles à porter et chères à acheter. Relativement chaudes en prévision des vols frisquets d'octobre, elles doivent aussi être raisonnablement imperméables, surtout en mars lorsque vient la saison de mettre les giboulées en bouteille. Quant aux couleurs, à partir du moment où elles peuvent supporter les éclaboussures des chaudrons comme les salissures du jardin…

Un point important : ces vêtements doivent être confortables et laisser une totale liberté de mouvement, tant pour les jambes qui moulinent que pour les bras jeteurs de sorts. La robe de sorcière classique est munie en outre de poches profondes aptes à recevoir toutes sortes de choses indispensables, sandwiches, gourde de thé, épingles à sorcière, ficelle, vieilles chaussettes, élastiques et crapauds.

Bonne Fourchette et méchante Langue

Une prune au déjeuner rend les sorcières gaies.

Les œufs de fourmis crus les revigoreront.

La gelée peut soigner les maux de ventre.

Les chauves-souris ne sont pratiquement jamais réveillées au petit déjeuner.

Les sorcières dévorent leur petit déjeuner à belles dents. Leur plat préféré est le sagou, sorte de civet d'œufs de grenouille en conserve. Elles apprécient aussi les champignons vénéneux, récoltés à l'aube et grillés sur des toasts. Après quoi, pour s'agacer les dents, elles ingurgitent de grandes tartines de pain de gland confiturées de délicieuse marmelade de prunelle, le tout arrosé d'un petit noir de dent-de-lion bien chaud. Il leur était jadis nécessaire de jeter un sort sur le lait pour le faire tourner, mais aujourd'hui le lait suri est un produit courant dans les sorcières-marchés.

Il est cependant plus difficile de nourrir les chouchous. Les magasins qui vendent des petits pots pour crapaud, des graines pour corbeau, des steaks de papillon pour chauve-souris et du bourguignon pour crocodile sont rares. Voilà pourquoi les repas peuvent s'éterniser, même si la sorcière qui est au fourneau déborde d'imagination. Et avec toutes ces bouches à nourrir, comment s'étonner que le cellier soit si souvent vide !

Courses de Choc

Quatre-vingt-dix pour cent des bouchers assurent qu'ils peuvent reconnaître une sorcière dans leur magasin.

Seuls les pains les plus rassis peuvent intéresser les sorcières méticuleuses.

Depuis l'invention de l'électricité, les fabricants de chandelles ont fait de gros efforts de promotion auprès des sorcières.

*Marchande de chandelles

Il n'y a pas si longtemps encore, pour faire son marché une sorcière devait se traîner de boutique en boutique. Aujourd'hui, plus de problème, on trouve tout à la Sorcièritaine, en moitié moins de temps et deux fois plus d'amusement. Les supermarchés (ou sorcières-marchés) sont devenus de grands centres de rassemblement pour les sorcières.
Elles y échangent nouvelles et cancans, s'informent du dernier sort à la mode et organisent chaque semaine la « course à la caisse » : la plus vite sortie a gagné !

Les doigts Verts

Il existe peu de boutiques offrant aux sorcières les divers ingrédients qu'elles doivent avoir constamment sous la main pour préparer leurs sorts. Il leur est donc nécessaire de cultiver leurs jardins, d'arracher les fleurs qui risquent d'étouffer les mauvaises herbes, de dégager les orties et les champignons vénéneux pour qu'ils puissent croître à leur aise. Aucune sorcière digne de ce nom ne peut se dérober à ces tâches.

Sachez aussi qu'elles entendent pleurer les plantes et que c'est la raison pour laquelle elles leur jettent un sort endormant avant de les cueillir. Vous ne trouverez dans un jardin de sorcière ni clématites pleureuses, ni pensées timides, ni mousses rasées, ni glycines glissantes, pas plus que des plantes accrochées à des échalas ou enchaînées à un espalier.

Non. Mais vous pourrez admirer des orties, des dents-de-lion, des champignons mortels aux suaves parfums, des saules rampants, du mouron rouge empoisonneur, des queues-de-dragon, des gueules-de-loup, des concombres et des roses. Votre grand'mère possède sans doute quelques unes de ces plantes dans son potager.

Corbeau d'accueil

Pour déborder de vie, mangez des orties.

Dents de lion

Ceux qui mangent leurs racines dormiront longtemps

Mouron rouge

soigne les démangeaisons et la gale.

Des champs ils ont les champignons.

Une ou deux gouttes de sang de chauve-souris mélangées à de la morelle noire, de la digitale et de la graisse de sanglier font un excellent onguent pour le vol

Un papillon dans le bouillon guéri des oreillons.

On pense qu'il y a plus de sorcières pour soigner les verrues qu'il y a de verrues dans le monde.

Ongles de pieds bien longs pour ficel les sorts.

Coquins de Sorts

Au cours des âges, les gens ont toujours craint les sorcières. En un clin d'œil, ces vieilles commères étaient fichues de vous transformer en chat, en champignon, en chauve-souris et même, pour les princes, en crapaud. Il faut bien reconnaître que certaines d'entre elles utilisent leur magie d'une manière quelque peu déplaisante : un bout de chicane à droite, un mauvais tour à gauche, mais en général, les sorcières pratiquent leur art à bon escient. Epuisées par leur travail et par la chaleur des chaudrons, elles vieillissent parfois avant l'âge, et tout cela dans le seul but d'aider leurs concitoyens !

Eh oui ! Pour préparer une potion efficace, il ne suffit pas d'avoir la bonne mixture, cuite à la bonne température, encore faut-il se souvenir avec précision des formules qui lancent les sorts.

Voilà pourquoi les jeunes sorcières doivent consacrer à leur entraînement des heures et des heures rognées sur leur temps de loisir, prendre des leçons de cuisine, étudier les recettes, s'intéresser à la sténographie, à la dactylographie, participer à des chorales pour s'initier aux cris, aux chants, aux murmures et aux incantations propres à toutes circonstances. Sans de bonnes dispositions à ces études, point d'espoir de faire carrière !

Les sorts les plus simples concernent le temps. Pour déchaîner une tempête en mer, une sorcière n'a tout simplement qu'à faire tourner son chat trois fois autour de sa tête avant de le lancer dans l'eau en chantant :

« Drôle de chat ! Drôle de chat !
Finies les manières.
Que la mer soit en colère ! »

Plus délicats, mais plus gratifiants, sont les sorts qui guérissent des maladies.

Sorcière faiseuse de pluie ayant réussi.

Crapaud sec.

Quitte ou Double

Verrues

La méthode du sac aux galets.

Voici un remède à essayer contre les verrues :
Placez dans un sac autant de galets que vous avez de verrues. Abandonnez le sac à la croisée de deux chemins. Les verrues s'en iront sur le premier qui le ramassera. Ou alors, piquez vos verrues avec une épingle de sorcière que vous planterez ensuite dans un frêne en disant :
« Frêne, frêne, exauce-moi,
que ces verrues soient loin de moi. »
Si les verrues ne passent pas sur l'arbre, allez interroger votre grand'mère.

Contre la rage de dent, rien de mieux qu'une taupe morte portée autour du cou.

L'eau des giboulées de mars récoltée dans une bouteille rend la vue claire.

Peut-être voulez-vous essayer l'un de ces charmes en famille ?

Pour un mal de ventre, mettez-vous sur la tête quelques minutes en disant : « Tidi, tidi, tididal, qu'à l'instant s'envole cet affreux mal. »

Si vous toussez, restez au lit et prenez un bouillon de chouette trois fois par jour.

Si vous avez une rage de dent, accrochez-vous autour du cou une taupe morte.

Si vous êtes fiévreux, prenez des pilules de toile d'araignée pilée avant le petit déjeuner.

Si vos genoux sont écorchés, faites bouillir des choux et des chenilles, versez le tout sur de la mousse au chocolat et avalez la mixture avant de vous mettre au lit.

Si votre nez coule, touchez vos oreilles avec vos doigts de pieds.

Si un chien vous a mordu, arrachez-lui une touffe de poils, faites-la frire et posez-la sur la morsure avec un brin de romarin.

Si vous avez la migraine, fermez les yeux, restez tranquille et comptez silencieusement jusqu'à cent. Recommencez jusqu'à ce que vous arriviez au résultat cherché. Si cela ne vous soulage pas, cela soulagera au moins votre grand'mère.

Remède contre les morsures de chien.

Les sorcières sont primesautières, chaleureuses et amicales.
Lecture dans les feuilles de thé.
Gâteau du diable
Laissez le thé reposer
Bardane
Crèm
de
lavan
sirop d'olives noires.
Gelée de triton.
Mousse de dents de lion.
Petit pain de mule.
Pain au lait glacé.
Tarte au sureau.
Sandw
au fr
de

Sorcières-Parties

Les sorcières adorent se retrouver entre elles. Les cafés matinaux, les tournois de crapette, les sorties en voiture, les parties de tennis et les thés sont autant de bonnes raisons pour entamer de fameuses parlottes. Pour s'amuser après leur goûter, les sorcières regardent la télévision ou se disent l'une à l'autre la bonne aventure dans les feuilles de thé (elles n'utilisent jamais d'infusettes !) Après avoir bu sa tasse, chaque sorcière la passe à sa voisine de gauche qui la fait tourner trois fois dans sa main gauche pour en extraire les dernières gouttes. Les traces laissées près de l'anse représentent l'avenir proche, dans le milieu de la tasse, ce sont les événements un peu plus éloignés et au fond, le futur lointain. Les taches en forme de croix, d'épée, de fusil, de crapaud, de serpent ou de chat sont de mauvais présages. Les taches en lune, en fleur, en trèfle, en corbeau, en arbre ou en sept prédisent la bonne fortune. Essayez d'utiliser ce procédé, et n'hésitez pas à demander conseil à votre grand'mère.

Après un dîner fin, les sorcières adorent danser. Elles pratiquent les dernières danses à la mode et s'entraînent à la bossa-nova-sorciera qui donne lieu, chaque année, à un grand concours lors du festival des sorcières. Reste le problème de leur trouver des partenaires convenables.

Une bouilloire de sorcière jamais ne bout.

Une bouilloire qui ne bout pas peut être ensorcelée ou contenir un crapaud.

Un vol ou «caquettement» de sorcière.

Air Sorcière

D'anciens textes signalent des ciels noirs de sorcières les soirs de Sabbat, à cheval sur leurs balais, criant et ricanant. Mais il faut reconnaître que les vols de ce type sont dangereux, froids et inconfortables. C'est pourquoi la plupart des sorcières préfèrent voyager en autobus, en bicyclette ou en voiture. Elles ne se déplacent en fait que pour les grands rassemblements comme le Sabbat ou le Mardi Gras à moins qu'une grève de transport ou une nécessité urgente ne les force à sortir de chez elles.

Les sorcières volent traditionnellement sur des manches à balais bien qu'on en ait déjà rencontré sur des chats, des jeunes coqs, des chevaux, des gros chiens et même, dans les cas désespérés, sur des chèvres. Il est bien possible qu'un cheval trouvé au petit matin fatigué, couvert de sueur, sans plaisir au travail, ait servi toute la nuit de monture à une sorcière. C'est pourquoi, lors des grands Sabbats, les fermiers ont pris l'habitude de garder leurs écuries.

Les chèvres peuvent voler en cas de panique.

Avant de décoller, la sorcière doit s'enduire tout le corps d'un onguent pour le vol. L'odeur de cette mixture, faite de sang de chauve-souris, de jus de douce-amère, de sève de digitale et de graisse de sanglier, est un indice qui ne trompe pas : une sorcière volera cette nuit !

Mais la façon la plus simple pour voler est encore de se transformer en oiseau, en mouche ou en tout autre créature volatile. On sait cependant que, bien qu'elles puissent se transformer en ce qu'elles veulent, c'est la forme du chat ou celle du lièvre que les sorcières préfèrent. Il leur est en général difficile de se changer en tourterelle ou en lapin blanc.

Sorcières en Fêtes

L'année-sorcière commence au Mardi Gras, époque où les fantômes, les diablotins et les enfants parcourent le pays en se déguisant et en faisant mille tours. On décore les maisons avec des chandelles en forme de navet, on met des masques et des perruques aux pommes et aux citrouilles et on prépare des crêpes.

Danse traditionnelle du 1er mai "Haut les genoux, Mère Denis."

Pour danser à contresens (la danse des sorcières), on forme un cercle de 13 mètres de diamètre autour du feu et l'on tourne dans le sens contraire à celui du soleil.

La veille du Mardi Gras, les sorcières se rassemblent à minuit et dansent autour d'un grand feu jusqu'à l'aube. Elles valsent, elles charlestonnent, elles twistent, elles tangottent, mais toujours dans le sens contraire des aiguilles d'une montre. Elles ne font souvent que se trémousser, mais nulle part ailleurs, au Mardi Gras, on ne s'amuse autant.

La Chandeleur est le début de leur semaine de bonté. Elles font brûler des bougies en signe de bonne volonté.

A la Saint-Valentin, les jeunes sorcières placent des feuilles de laurier sous leurs oreillers pour rêver à un futur époux. Mais nul ne sait de quoi sont faits ces songes.

Le 1er Mai, elles célèbrent le début de l'été. C'est un temps de forte réjouissance. Les jeunes sorcières dansent autour de l'arbre de Mai, espérant faire assez de tapage pour être élues Reine de Mai.

Si une jeune sorcière n'a pas trouvé de mari le 1er Mai, elle tentera de nouveau sa chance à la veille de la Saint-Jean.

Au festival de la Moisson, le 1er Août, c'est leur dernière chance. Elles font alors parfois cuire des gâteaux magiques avec du blé fraîchement moissonné et les offrent à leurs amoureux. Si elles ne peuvent les séduire par leur charmes naturels, elles employeront des charmes surnaturels.

Un séminaire de sorcières comprend normalement 13 sorcières.

Ce séminaire s'amuse à un jeu ancien: le passe-passe du crapaud.

Faits et Méfaits

Un des sorts préférés des sorcières et des magiciens est de changer un Prince en grenouille ou un vagabond en crapaud.

Si vous voulez trouver votre chemin... demandez à une vieille sorcière.

On sait que les sorcières atteignent un grand âge, parfois au delà de 65 ans.

Vieulle sorcière à la fin de sa vie enseignant tout ce qu'elle sait à une sorcière novice.

eaucoup de sorcières se livrent à
es prouesses sur
urs balais
lants.

es
eilleures
nt choisies pour les jeux Olympiques-Sorcières.

On disait autrefois que les sorcières mâles et femelles étaient capables d'ensorceler les moutons.

Chat noir borné

Les jumelles et tout spécialement les sorcières jumelles possèdent un pouvoir unique. Cependant, beaucoup pensent qu'elles sont deux fois plus enquiquinantes.

Les sorcières adorent les chats, et spécialement les chats noirs. Ce sont donc les plus chouchoutés des chouchous.

Un dernier point :

Si, d'aventure, vous rencontrez une sorcière,
soyez gentil, gentil,
car plus que personne au monde,
elles ont besoin qu'on les aime.